PEDRO LUIS ADAMES

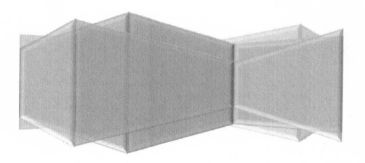

Códigos de Transformación

Ministerios Pedro Luis y su Logotipo
Descargue la app de Ministerios Pedro Luis
https://play.google.com/store/apps/details?id=com.
ministeriospedroluis.app

Son marcas registradas de la
Fundación Evangelista Hno Pedro Luis. Inc

Editado por

Asmelis González

Ministeriospedroluis.com

ISBN : 978-1-71675-881-2

LCCN: 2020912663

Diseño de portada por

Touqeer Shahid

Códigos de Transformación

Un código, se define como una serie de símbolos, o caracteres que sirven para identificar algo o a alguien.

Una particularidad de los códigos, es que separados no representan nada, pero al combinarlos genera un lenguaje compresible, ya que han sido creados con el propósito de comunicarse.

A su vez, nos ayudan a ordenar y codificar aquellos mensajes que hemos recibido, dando paso a la transformación, que es el resultado de un proceso de cambio de forma, es tomar lo q existe, para hacer algo nuevo o distinto con ello, donde la persona que lo adquiere lo hace con un gran sentido de responsabilidad.

Códigos de Transformación, nos muestra una perspectiva clara de la necesidad imperiosa de cambiar de mente y de actitudes, en vista que la humanidad esta aferrada a vivir de las apariencias, pero Dios conoce el corazón de todos y desecha lo que los hombres aman y acogen.

También, nos invita a recordar que los pensamientos de Dios, no son como los nuestros, ya que Él ve la vida de una manera totalmente diferente, dejando un código para nosotros, donde hay abundancia en lo poco, y más cuando eres capaz de confiar y creer, y aunque en la tierra no tienes nada, lo que se entrega abre una puerta de abundancia del cielo a la tierra.

Existe una frase muy popular "Al que madruga Dios le ayuda", pero ha sido tergiversada y usada como cliché. Lo cierto es, que Dios ha dejado un **Código de Transformación** cuando decidimos entregarle a Él las primeras horas del día y nuestras conversaciones. Por esta razón, al leer la Palabra de Dios, se recibe dirección del cielo y podemos vencer cualquier obstáculo que a menudo llega a nuestro día.

Por otra parte, se vale acotar que nuestro cuerpo es el templo de Dios, por lo que debemos cuidarlo, hacer ejercicios y mantener la salud, para poder avanzar en la obra de Dios aquí en la tierra y ver las futuras generaciones.

Cabe destacar, que alimentar el cuerpo es necesario, pero alimentar el alma y el espíritu nos da sabiduría, aun cuando la sabiduría humana es tan celebrada, no se pueden desechar los consejos de aquellas personas que tienen la sabiduría que se adquiere en la etapa de la madurez, con sus experiencias vividas, pero la principal es aquella que se obtiene en la presencia de Dios, la sabiduría divina y eterna.

Códigos de Transformación, nos refresca la importancia de dejarnos instruir por un mentor, ese ser que te impregna de éxito y desea tu bienestar en el área que anhelas crecer, pese a que no es una tarea muy sencilla en encontrar el idóneo, dado a que se requiere de gratitud, honra, reciprocidad y persistencia.

El propósito de este libro, es compartir la experiencia de éxito, y una vez hayas recibido el código de la Ley del 30%, puedas transformar tu vida económica, honrando a Dios, ayudando a tu prójimo y ahorrando para tu futuro y salud.

Paralelamente, debemos estar conscientes de nuestro entorno social, e identificar si nuestras amistades son las correctas. En la sociedad actual, lo que más se denota a la hora de escoger a la futura pareja es la apariencia, pero **Códigos de Transformación** nos invita a ver las cualidades más resaltantes en un hombre o mujer que busca primeramente la presencia de Dios, e incluso el valor de la reciprocidad.

Índice General

Reconocimientos

Quiero dar las gracias a mi Esposa y mis tres hijos, Ustedes me han enseñado el valor de la familia.

Gracias a todos mis Mentores en las diferentes áreas.

En el Departamento de las Misiones, quiero agradecer a mis mentores de siempre, Dennis Flom y Pedro Machado en el área de plantación de iglesias.

Todos en algún momento hemos cometido errores, y debemos también agradecer a cada error, que nos hace personas más maduras y sabias.

Gracias a todos los Socios del Ministerio alrededor del mundo, aquellos que con su contribución financiera nos ayudan a llevar el Evangelio por los diferentes medios de comunicación, y también a los que nos apoyan con las oraciones que nos mantienen firmes.

Acerca del autor

Pedro Luis Adames Valdez, es Autor, Pastor y Empresario. Fundador de la iglesia Redemption Puerto Plata, Iglesia Casa de Restauración y Milagros, Fundación Evangelista Hno Pedro Luis Inc, DO Translators Team, Red Apostólica y Profética Israel.

Su programa de Televisión "Un Mensaje Transformador" se transmite semanalmente en muchos hogares alrededor del mundo.

Cabe señalar, que escribió su primer libro "Tiempos de Victoria", viviendo sin límites, el cual, alcanzó a ser #1 y el más vendido en Amazon México, es el primer autor Dominicano de la Editora Palibrio en lograrlo en el portal Amazon de México.

Actualmente, él y su esposa, trabajan plantando iglesias en diferentes lugares, con sus tres hijos Abi Luis, Amiel Luis y Ronald Abiel.

Otras obras del Autor

¿Has ayudado a alguien a cumplir un sueño? El **Poder de un sueño**, te mostrará el camino para hacer realidad tus sueños, y el ayudar a otros a cumplir sus objetivos, hace que logremos los nuestros. "Todo es posible si lo puedes soñar".

Semillas de Poder, es más que un libro. Aquí encontrará herramientas que le ayudarán a ser un excelente sembrador, y a conocer el poder que existe en cada. Siembra. Sé protagonista de cambio al llevar las Buenas Nuevas.

3

ISBN: 979-8630054623
www.ministeriospedroluis.com

Si vivimos para Dios, Él vivirá para nosotros, y si le entregamos a Dios lo mejor de nosotros, Él nos entregará lo mejor de sí.

En **Tiempos de Victoria,** Usted recibirá el poder que necesita para caminar en medio de su tormenta. Usted no necesita dinero, necesita el favor de Dios para poder vivir una vida sin límites y vencer cada obstáculo en su camino.

Este libro está basado en tres principios de bendición, los cuales me han ayudado a tener éxito en muchas áreas de mi vida. Estos son *soñar, avanzar y creer*.

ISBN: 979-8630054623
www.ministeriospedroluis.com

Orando con Poder, nos enseña a orar con efectividad, y ver la mano de Dios obrar en cada área de nuestra vida. Una oración hecha con el corazón, Dios no la desprecia, pero es más efectiva cuando usas las herramientas dadas por Jesucristo en la Palabra.

ISBN: 979-8630054623

www.ministeriospedroluis.com

Otros Ministerios del Autor

Radio Voz de Esperanza

Escuela de Emprendedores

Centro Nutricional Canaán

Iglesia Comunidad de Fe

Iglesia Bilingüe Coral Marien

Red Ministerial Israel

Introducción

En mi trayectoria, por más de 17 años predicando la Palabra de Dios, y viajando por diferentes partes del mundo, he visto la necesidad de compartir lo que Dios me ha dado por medio de mentores, ya que han sido generosos conmigo.

En cada capítulo que se expone, ha sido entregado por medio de secciones de consejería, de personas que tienen más de 50 años sirviendo en el Ministerio.

Por otra parte, considero que lo que soy, no es la conclusión de lo que seré, sino que soy una obra de arte en las manos de Dios, esperando ser afilado por sus misericordias, y que *NO* he aprendido todo, me falta mucho más por aprender, por lo que he decidido no tomar atajos y evitar el dolor cuando se puede, al contrario, abro mis oídos para recibir el consejo de personas más sabias.

Antes de continuar, primeramente le prometo que en estas páginas, encontrará un oasis de sabiduría. Probablemente, muchas de las enseñanzas aquí escritas, Usted ya la sepa, pero que no solo le sirva de recuerdo, sino que tome papel y lápiz, y comience a practicar estos consejos que lo harán más sabio.

A su vez, espero que en las siguientes páginas, Usted pueda apreciar cada código, y lo aplique en su vida y en las áreas que lo necesita.

Al terminar este libro, le aseguro que su vida no será igual.

Capítulo 1:
La Abundancia de lo Poco

Empezaré por considerar, que la mayoría de personas son atraídas por las obras generosas de multimillonarios como Bill Gates, Benzos, Michael Jordan y Mark Sukeber, pero nadie le hace publicidad o promueve las obras de aquellos, donde sus donaciones no ascienden a los 100 dólares anuales.

En otras palabras, ¿Cuándo ha visto Usted una página de un periódico alabando una donación de 100 dólares? Entonces, parece que a nadie le importa las obras de las personas que tienen escasos recursos económicos.

Nuestro mundo, está confundido con lo que significa para la mayoría abundancia y prosperidad, ya que la tendencia de la humanidad, es aferrarse a lo que parece, es decir, somos víctimas de la apariencia.

9

Desafortunadamente, los creyentes en Dios, también relacionamos la abundancia financiera con tener una buena relación con Dios, y creemos que estar prospero financieramente, es sinónimo de tener un corazón generoso. Lo cierto es, que la realidad del corazón, solo la conoce Dios, pues Él lo ve, y nunca mira la apariencia externa, tal como lo dice la Sagrada Escritura en:

1 Samuel 1:16
"Pero Dios dijo a Samuel: No mires a su apariencia, ni a lo alto de su estatura, porque lo he desechado"

En efecto, Dios desecha lo que los hombres aman y acogen. Cabe entonces preguntarse ¿Por qué Dios rechaza lo que los hombres abrazan y aceptan como bueno y valido? La respuesta es, porque Dios en su santidad, solo acepta a aquellos que son lavados con la Sangre de Cristo, en donde sus planes se alinean con su voluntad, y a todo lo que nace en un corazón santo y puro delante de Él.

Ahora bien, en el libro de Lucas capítulo 21, establecemos el tema de la abundancia de lo poco. Allí, se narra de una mujer descrita por el escritor del Evangelio como una mujer viuda, por ello, se sugiere que por favor lea el texto completo.

Para mejor entender, las viudas en la nación judía son tenidas en alta estima, ya que en Israel, se cuida de ellas, desde la antigüedad hasta hoy. A continuación, se citan algunos versículos bíblicos que revelan cuán importante era el cuidado de las viudas para su Dios y para su pueblo.

1.-Dios es Padre de huérfanos y Defensor de las viudas.

Salmos 68:4-5

"Canten a Dios, canten salmos a su nombre;
aclamen a quien cabalga por las estepas,
y regocíjense en su presencia.
¡Su nombre es el Señor!
Padre de los huérfanos y defensor de las viudas es
Dios en su morada santa".

2.-El profeta Isaías anima al cuidado de las viudas.

Isaías 1:17

¡Aprendan a hacer el bien!

¡Busquen la justicia y reprendan al opresor!

¡Aboguen por el huérfano y defiendan a la viuda!

3.-En el libro de Zacarías, se nos ordena no oprimir a las viudas.

Zacarías 7:9-10

"Así dice el Señor Todopoderoso:

Juzguen con verdadera justicia;

muestren amor y compasión los unos por los otros.

No opriman a las viudas, ni a los huérfanos, ni a los extranjeros, ni a los pobres.

No maquinen el mal en su corazón

los unos contra los otros".

4.-El libro de Éxodo, lo explica de manera mas explicita

Éxodo 22:22-24

"No explotes a las viudas, ni a los huérfanos, porque, si tú y tu pueblo lo hacen, y ellos me piden ayuda, yo te aseguro que atenderé a su clamor: arderá mi furor y los mataré a ustedes a filo de espada. ¡Y sus mujeres se quedarán viudas, y sus hijos se quedarán huérfanos!"

5.-El Señor sostiene a las viudas

Salmos 146:9

"El Señor protege al extranjero
y sostiene al huérfano y a la viuda,
pero frustra los planes de los impíos".

5.-En el libro de Jeremías se nos ordena a hacer justicia con las viudas.

Jeremías 7:5-7

"Si en verdad enmiendan su conducta y sus acciones, si en verdad practican la justicia los unos con los otros, si no oprimen al extranjero, ni al huérfano, ni a la viuda, si no derraman sangre inocente en este lugar, ni siguen a otros dioses para su propio mal, entonces los dejaré seguir viviendo en este país, en la tierra que di a sus antepasados para siempre".

Examinemos minuciosamente el libro de Lucas capítulo 21, nótese que la viuda es la única mencionada en los Evangelios, dado a que ella hizo algo que llamo la atención de Jesús profundamente:

Lucas 21:1-4

"Levantando los ojos, vio a los ricos que echaban sus ofrendas en el arca de las ofrendas. Vio también a

una viuda muy pobre, que echaba allí dos blancas. Y
dijo:
En verdad os digo, que esta viuda pobre echó más
que todos. Porque todos aquellos echaron para las
ofrendas de Dios de lo que les sobra; mas ésta, de su
pobreza echó todo el sustento que tenía."

Observemos como había personas muy ricas en el lugar, y estaban allí demostrando sus obras de caridad.   Muchos, estaban impresionados con las ofrendas de las diferentes personalidades, pero nadie esperaba que Jesús alabara públicamente la ofrenda menos significativa para la mayoría.

Esta era una ofrenda común, pero aun siendo poca, no era acto de una viuda, ya que ellas las recibían y casi nunca ofrendaban,   al menos que fueran herederas de una gran fortuna y guardaran la Torah. Sin embargo, ella, dio de la abundancia de su corazón, pues solo un corazón lleno de abundancia es capaz de dar y entregar lo poco o lo único que le queda.

Cabe señalar, que hay abundancia en lo poco cuando eres capaz de confiar, y creer que aunque en la tierra no tienes nada, lo que entregaste abre una puerta de abundancia del   cielo hacia la tierra. Aquí nos preguntamos ¿Por qué era tan importante para Jesús la ofrenda de la viuda? Porque *"tus ofrendas exponen la realidad que se encuentra en tu corazón"*.

Dentro de este contexto, cuando das de lo que te sobra, expones tu mezquindad, pero cuando das lo que te queda expones tu generosidad. Nadie tenía la fe y el valor de la viuda, y ella no estaba preparada para tanta atención. El cielo y todo su escuadrón de ángeles, se pusieron de pies para mostrar respeto a su ofrenda, pues ella no sabía que desde ese día su fama llegaría hasta los confines de la tierra.

Entonces, se plantea una pregunta ¿Cómo pudo Jesús exaltar una ofrenda tan poca e ignorar las ofrendas de ricos y millonarios de la época? La razón, es porque Dios, quería enseñarle a la gente la importancia de entender que la bendición y la abundancia no se encuentran en el oro, la plata y los ganados, sino en los corazones de aquellos que no les importa quedarse sin nada, a la hora de honrar con sus bienes.

Visto de esta forma, hay abundancia en lo poco, porque el cielo es el único banco donde se nos distingue, no por los millones, sino por tus buenos frutos y sentimientos puros.

Por otro lado, la viuda pudo haber dicho: "no voy a dar ninguna ofrenda, con las que reciben de los millonarios de este pueblo, tendrán lo suficiente hasta tres meses, por lo tanto mi ofrenda no es relevante". No obstante, ella no sabía que su ofrenda, seria celebrada por la persona más importante presente en aquel momento, "Jesús de Nazaret". Él, estaba allí para dar una gran lección teológica, y pondría en tela de juicio la enseñanza de los rabinos de la época.

En este aspecto, ya era el tiempo de romper con el patrón tradicional, concerniente a las finanzas y el corazón, y la abundancia de lo poco que la viuda trajo, enseño una verdad muy impactante:

1-Dios ama al dador alegre, sin importar la cantidad de la dadiva.

2-Dios ama el corazón, más que la dadiva física.

3-Una ofrenda pequeña, llama la atención de Dios más fácilmente que una ofrenda millonaria.

4-Si traemos lo único que tenemos delante de la presencia de Dios, esa actitud es una adoración que Él nunca rechaza.

"Cuando traemos lo poco que tenemos
a los pies de Jesús, lo poco
se vuelve abundancia"

Aquí, conviene detenerse un momento, a fin de analizar en el libro de Mateo el capítulo 14, en los versículos de 13 al 21. A continuación:

Mateo 14:13-21

"Jesús oyó lo que le habían hecho a Juan el Bautista, subió a una barca y se fue a donde pudiera estar solo. Cuando la gente de los pueblos cercanos supo que Jesús se iba, lo siguió por tierra. Y cuando bajó de la barca y vio que allí había una gran cantidad de gente, tuvo compasión de ellos, y sanó a todos los que estaban enfermos.

Cuando ya empezaba a atardecer, los discípulos se acercaron a Jesús y le dijeron:

—Éste es un lugar solitario, y se está haciendo tarde. Dile a la gente que se vaya a los pueblos y compre su comida.

Jesús les contestó:

—No tienen que irse. Denles ustedes de comer.

Los discípulos respondieron:

—Pero no tenemos más que cinco panes y dos pescados.

Jesús les dijo:

—Tráiganlos aquí.

Luego de ordenar que la gente se sentara sobre la hierba, Jesús tomó los cinco panes y los dos pescados, miró al cielo y dio gracias a Dios. Después partió los panes y se los dio a los discípulos, para que ellos los repartieran a la gente.

Todos comieron hasta quedar satisfechos. Y cuando los discípulos recogieron los pedazos que sobraron, llenaron doce canastas. Los que comieron fueron como cinco mil hombres, además de las mujeres y los niños".

En esta ocasión, existía un problema que los discípulos habían notado, era mucha gente la que seguía a Jesús de lejos, y el hambre era notoria en sus rostros, y aunque los discípulos estaban dispuestos a regresar a la multitud a sus lugares distintos a comprar su comida, Jesús quería darles un **Código de Transformación**, llamado *la Abundancia de lo poco.*

Corresponde preguntarse ¿Que era más fácil para los discípulos, decirle a la multitud regresen a sus casas, o darle de comer? Lo cierto es, que era más fácil decirle que se marcharan a sus casas, porque hasta ese momento, ellos desconocían que Jesús era capaz de darles comida de manera sobrenatural.

Entonces, Jesús les ordena a los discípulos, *"Ustedes ahora pueden darle de comer, no tienen que irse"*. Sin embargo, ellos de inmediato presentan la excusa del porque prefieren enviar a la multitud a comprar comida… "¡Solo tenemos cinco panes y dos peces!".

Ahora bien, imagínese Usted, ¿que se podría hacer con tan poca comida? Quizás, solo alimentar una familia de tres en hora del almuerzo, pero no para tanta gente.

Hay que reconocer,   que lo primero que decimos cuando somos confrontados a movernos en fe, es la realidad de las limitaciones, frases como "No tengo dinero para esto o para aquello", pero Jesús espera que le presentemos y le entreguemos lo poco que tengamos para el multiplicarlo.

Él, pudo haber acordado con sus discípulos decirle a la multitud que se fueran a comprar comida, pero era tiempo de hacer un milagro, multiplicando los panes y los peces.

Llegado a este punto, conozca las verdades espirituales que aprendemos de esta historia:

1.- Dios, ve abundancia donde nosotros solo vemos escasez.

2.- Jesús, prefiere demostrar su poder y hacer un milagro antes que aferrarse a los atajos.

3.- Dios, se compadece de nuestras necesidades físicas y espirituales.

4.- Dios, quiere que nos involucremos en el proceso del milagro por medio de nuestra obediencia.

5.- Jesús, puede hacer cualquier milagro.

Es por ello, que Jesús, pidió que le trajeran los panes y los peces, y así demostrar lo que Dios es capaz de hacer cuando ponemos lo poco que tenemos en sus manos. Es necesario insistir que:

"No es lo mismo un pan en nuestras manos, que un pan en las manos de Dios".

"No es lo mismo un dólar en nuestras manos, que un dólar en las manos de Dios".

"No es lo mismo una estéril en las manos de los médicos, que una estéril en las manos de Dios".

Desde una perspectiva más general, puede afirmarse que:

"Un pan en las manos de Dios, se puede convertir en una panadería".

"Un dólar en las manos de Dios, se puede convertir en un banco de ahorros y préstamos".

"Una estéril en las manos de Dios, se puede convertir en una madre de 5 hijos".

"Una empresa quebrada en tus manos, es solo una empresa en ruinas, pero en las manos de Dios, es una empresa restaurada y multiplicada en franquicias".

"Un matrimonio roto en nuestras manos, es un solo un hogar disfuncional, en las manos de Dios es una familia sana y restaurada".

Es importante destacar, que Jesús miro al cielo, demostrando que el milagro no venía de Él. Cuando miramos al cielo, en señal de fe y dependencia, recibimos del cielo el milagro. A su vez, dio gracias, enseñándonos que la gratitud agrada a Dios, y solo así podemos recibir el milagro de multiplicación. Seguidamente, Jesús partió los panes y los entregó a los discípulos, para que los distribuyeran, y el milagro fue sorprendente, dado a que Dios alimentó a miles de personas, que horas antes iban a regresar a sus casas.

**"Lo que sucede cuando le entregamos
a Dios lo que tenemos"**

Si bien es cierto, Dios nos pide el corazón. Tal vez, tengas temor porque las veces que lo has entregado, has sido herido y abusado, pero tu corazón estará a salvo en las manos de Dios, aun cuando nuestras desolaciones han sido vistas por los demás, y tenemos el miedo de compartir con otros nuestras ruinas, pero Dios toma todo aquello, y las convierte en abundancia, porque Él, nunca nos devolverá un corazón roto, al contrario, recibiremos un corazón nuevo.

Cabe señalar, que Dios nunca nos devuelve ruina, el siempre devuelve abundancia. Es por eso, que lo poco en sus manos, se conoce en el cielo como abundancia y más cuando confiamos, y creemos que Él es un Dios de Milagros.

Recapitulemos, los pocos panes y peces, se convirtieron en miles de piezas, donde millares de personas vieron su gloria. De la misma forma, aconteció en las bodas de Caná de Galilea, donde le entregaron la noticia de que el vino se había terminado, pero Él hizo un vino fresco, nuevo y abundante.

¿Qué tienes en tus manos?

No tengas miedo, entrégalo al Señor.

Jesús te llama.

Capítulo 2:
La Bendición de lo Primero

Al respecto, lo primero que hacemos en el día, la persona en la que primero pensamos, y aquello a lo que le dedicamos la mayor parte de nuestro tiempo, eso entonces se convierte en nuestra primicia.

Las primeras horas del día

Para empezar, nuestras primeras conversaciones del día, deben ser direccionadas a nuestro Creador. En el mundo en el que vivimos, inteligente y digitalmente, es difícil dedicarle las primeras horas a Él.

Por ello, debemos disponernos de dar a nuestro Creador nuestras primeras palabras. No importa si son palabras no elocuentes, simples y sin sentido, ya que

ÉL sabe entenderlas, dado a que salen de un corazón agradecido.

En otras palabras, las primeras horas del día, las 24 horas completas, y todo el día le pertenecen a Dios, ya que es el Creador de los cielos y la tierra, pero en las primeras horas invertimos todo nuestro enfoque a vaciar nuestro corazón delante de Él.

Por consiguiente, no era en vano lo referido por el Salmista, cuando decía:

Salmos 63-1
"Temprano yo te buscare,
mi alma tiene sed de ti".

Sin duda, las primeras horas del día, son la oportunidad de comenzar nuestra jornada pensando en nuestro Creador, decirle nuestras preocupaciones, lo que pensamos y lo que necesitamos.

En relación con este tema, Benjamín Franklin lo decía así: "Ir temprano a la cama y levantarse temprano, convierte al hombre en un ser saludable", y personalmente lo específico de la siguiente forma: "Ir a la cama temprano, para levantarse temprano a dedicarle las primeras conversaciones a nuestro Creador, nos convierte no solo en personas saludables, sino también en personas sabias".

Proverbios 8:17
"Yo amo a los que me aman, y me hallan los que temprano me buscan".

Evidentemente, al dedicarle las primeras horas del día a nuestro Elohim, estamos revelando que Él es nuestra prioridad, nuestro todo.

Las primeras lecturas del día

Es importante señalar, que nos convertimos fácilmente en el resultado de lo que leemos y con lo que compartimos.

La lectura, nos convierte en personas competentes al comprender el contexto y el significado de los textos, ya que adquirimos conocimiento.

La razón, es porque el cerebro progresa mediante el ejercicio de la lectura. Dicho de otro modo, por un gran científico: "hay más materia gris o neuronas en la persona que lee, que en cualquier otra", porque la lectura alimenta la imaginación y favorece la concentración.

Además, la lectura te convierte en mejor orador, pero también te hace un ser empático.

Existen beneficios en la lectura a nivel físico, como los mencionados anteriormente, estos son solo algunos de ellos que obtenemos cuando leemos, sin mencionar las ventajas espirituales.

Se plantea entonces, una interrogante ¿Por qué leer primero las Sagradas Escrituras en las primeras horas del día? Generalmente, leer las Sagradas Escrituras en las primeras horas del día, no solo es beneficioso para tu salud mental, sino que también tiene un gran aporte espiritual.

Resulta que, cuando la leemos en las primeras horas del día, se abre nuestra mente a las bendiciones espirituales, entonces, cuando comenzamos nuestro día con todo el estrés que acompaña la rutina diaria, la Palabra de Dios ya ha preparado la mente y fortalecido nuestro espíritu.

Habría que decir también, que al leer la Palabra de Dios, recibes dirección del cielo, y podrás vencer cualquier obstáculo que a menudo llegan a nuestro día.

En definitiva, como sus hijos, necesitamos una palabra diaria, una dirección profética, y no existe ninguna fuente más segura que la Palabra de Dios para comenzar nuestro día.

Asimismo, Dios ama hablarnos, y su Palabra es un recurso confiable para nosotros ser inspirados y recibir su gracia, poder y sabiduría, tal como lo dice:

Hebreos 4:12
"Porque la palabra de Dios es viva y eficaz, y más penetrante que toda espada de dos filos: y que alcanza hasta partir el alma, y aun el espíritu, y las coyunturas y tuétanos, y discierne los pensamientos y las intenciones del corazón".

En otros términos, al leer la Sagradas Escrituras en las primeras horas del día, Usted está recibiendo vida, que afectará positivamente todo su día, dándole un resultado eficaz, y a su vez obtienes la espada que necesitas para pelear las batallas.

Es significativa, la importancia que tiene que su mente y su espíritu sea renovado, porque la Palabra de Dios es el desayuno por excelencia que nuestro espíritu necesita, y el agua para el alma sedienta, que nos llevará a lugares inesperados.

Dentro de este marco, nos podemos preguntar ¿Qué es lo primero que harás en las primeras horas del día? Mateo 6:33 nos da la respuesta en conclusión a este capítulo:

"Buscad primeramente el Reino de Dios y su justicia, y todas estas cosas os serán añadidas".

"La palabra de Dios, tiene todo lo que necesita su día para ser exitoso".

Capítulo 3:
Ejercicios en el Espíritu

1ra de Corintios 3:16
¿No saben que ustedes son templo de Dios y que el
Espíritu de Dios habita en ustedes?

Mi cuerpo, es templo del Espíritu Santo. Asimismo cabe preguntarse ¿Si somos templo del Espíritu Santo, cuál debería ser nuestra actitud ante los ejercicios físicos?

Antes de continuar, insistamos en que las primeras conversaciones pertenecen al Señor, y las primeras lecturas son del Dios del cielo. Del mismo modo, radica la importancia de hacer ejercicios, pero de entregar a Dios los primeros ejercicios del día, mediante una combinación de Espíritu y ejercicio. Para ilustrar mejor, Usted oró y leyó la Palabra de Dios, ahora puede hacer ejercicios.

De allí, que el afamado escritor norteamericano Benjamín Hardy, dice que primero va al gym y en el parqueo levanta oraciones a Dios, pero personalmente, creo que lo primero es lo primero, y antes de salir de su casa, debe primero buscar a Dios.

Después de salir de tu cuarto de oración, donde has leído la Sagradas Escrituras, puedes hacer creo lo más importante, ejercicios. Por ejemplo: tomar una caminata de media hora ayuda a la buena circulación de la sangre, y fortalece tu sistema inmune para enfrentar los virus que atacan el organismo en el día a día.

La mente, cuando siente el cuerpo expuesto al ejercicio, está más lucida y despierta, lo que significa que podrás aprender más fácilmente. El cuerpo humano, fue diseñado para vivir en constante movimiento, y el sistema hostil en el que nos acostumbramos, nos tiene detenidos, sin oportunidad de ejercitarnos, por eso les animo a sacar el tiempo para entrar en zona fitnes y comenzar a disfrutar su cuerpo.

Anteriormente, mis primeros intentos de ejercicios fueron muy difíciles, porque no estaba acostumbrado a moverme mucho, pero he aprendido a mezclar las cosas espirituales con los ejercicios. Si apelamos a un ejemplo, es el caminar, ya que se puede meditar en Dios y en su poder creativo, pues Él creo todas las cosas, y esa meditación, también se puede convertir en una adoración radical, mientras caminas o estas en el gym.

Otra forma de enfocarnos, seria adorar a Dios, escuchando alabanzas de su cantante favorito mientras hacemos ejercicios, o puedes llevar tu audio libro, si prefieres, según las estadísticas, dicen que las personas aprenden más escuchando. Partiendo de allí, se plantean las siguientes interrogantes: ¿Cómo quieres hacer tus ejercicios? ¿Cantando? ¿Oyendo música? ¿Escuchando un audio libro? ¿Meditando en las obras creativas de tu Creador?

Es significativo mencionar, que las personas que ejercitan sus cuerpos viven su vida a plenitud, además mantienen sus niveles de azúcar en buen estado y su presión sanguínea a niveles perfectos, haciendo su vida más larga, debido a que se enferman menos, pues hay cosas que Dios no puede hacer por nosotros, y necesitamos hacer lo que nos corresponde.

En una palabra, Dios nos creó, y Él necesita que cuidemos nuestro cuerpo, somos templo del Espíritu Santo, lo que implica que vive en nosotros.

Por ende, El Espíritu Santo no goza de un cuerpo enfermo, necesitamos hacer conciencia y comenzar a cuidar su templo.

Si eres miembro de alguna iglesia y estás leyendo este libro, comparte con tus Pastores este capítulo, pueda que le haga falta hacer algunos ejercicios, pues no es suficiente orar y leer la Biblia, también necesitamos cuidar nuestro cuerpo para poder avanzar en la obra de Dios aquí en la tierra, y ver nietos, aunado al cumplimiento de lo que Dios nos ha dicho, por ello, debemos cuidar nuestro cuerpo.

Es prudente advertir, que cuando nos enfermamos, Dios no tiene la culpa. Debemos tomar un tiempo especial para que nuestro cuerpo lo agradezca, y el Espíritu Santo lo celebre.

En la actualidad, tenemos muchas facilidades para hacer ejercicios. Por ejemplo en Estados Unidos hay franquicias de Gym, donde por muy poco dinero, se puede participar y hacer deporte. En mi país, República Dominicana, también los hay en diferentes sectores, y así en todos los países.

Sin embargo, si no le gusta participar en gym que se encuentran en lugares cerrados, lo puede hacer en su casa, personalmente lo he hecho y es muy gratificante.

Ahora bien, si obedecemos y comprendemos la importancia de cuidar nuestro cuerpo, veremos resultados increíbles, y terminaremos la carrera que Dios nos ha permitido vivir.

Por otra parte, podemos preguntarnos ¿Puede Dios bendecir a una persona enferma por falta de ejercicios? Claro que sí, pero disfrutaran muy poco de lo que podrían beneficiarse por mucho más tiempo. Pero antes de seguir adelante, meditemos ¿Es pecado no hacer ejercicios? Bueno, lo cierto es que la Biblia expresa que quien destruye el templo, Dios lo destruirá a Él.

1ra Corintios 3:17

"Si alguno destruye el templo de Dios, Dios le destruirá a él; porque el templo de Dios, el cual sois vosotros, santo es".

Entonces, quien no hace ejercicios, está destruyendo el templo que Dios le ha entregado. Él, le ha permitido la oportunidad de estar vivo, por eso no viva para enfermarse, sino para disfrutar la vida que Dios le da.

Sin duda alguna, Dios tiene un plan con Usted, por eso está leyendo este libro. Él le ama, y lo quiere guardar mucho tiempo para que pueda ver su gloria, tiene sus ojos puestos en ti, y quiere que comience a planificar su próxima visita al gym, así verá la vida diferente, se sentirá mejor y agradecerá que Dios le haya regalado la oportunidad de leer este libro.

Quisiera terminar este capítulo contándole una historia:

Un joven de 25 años, tuvo un accidente fatal, y cuando la ambulancia lo llevo a emergencias apenas respiraba. Estando en cuidados intensivos, pudo recuperarse. Los familiares y amigos preguntaron al Doctor, cómo había podido salvar la vida del joven, y su respuesta fue:

"Yo no lo salve, ese joven por haber pasado mucho tiempo haciendo ejercicios, su cuerpo pudo resistir tantos golpes, y por eso hoy está vivo, porque él ha vivido muchas horas ejercitando su cuerpo".

Capítulo 4:
Tres tipos de Sabiduría

Al respecto, como seres humanos, necesitamos priorizar la sabiduría, y a su vez, adentrarnos en sus secretos divinos. Existen tres tipos de sabiduría. A continuación:

La sabiduría humana

Es aquella que recibimos a través de las clases en los centros educativos, y en los libros de texto en la escuela, como en pre-escolar, primaria, secundaria y en la universidad. Este tipo de sabiduría, es manipulada, y en muchos países es casi imposible recibirla por los altos costos de la educación. No obstante, hay gente muy sabia, de acuerdo a los estándares que exige la sociedad.

La sabiduría de la madurez

Es la que se adquiere cuando has alcanzado la madurez como ser humano a través de los años, es decir, podemos observar un joven recién graduado de Harvard con la sabiduría humana, pero solo un hombre de 50 años puede tener ya la sabiduría de la madurez.

Las personas que poseen este tipo de sabiduría, tienen gran conocimiento para aconsejar. En la Biblia se registra cuando Aarón aconsejo a Moisés, basado en la sabiduría de la madurez.

Sin embargo, la sabiduría más importante que citaré es la sabiduría divina, aquella que solo Dios puede dar.

Sabiduría superior

Es aquella sabiduría celestial, superior, y divina que nace en el mismo cielo, y Dios es la fuente de ella. En la Sagradas Escrituras, observamos a personas con este tipo de sabiduría, tal es el caso de

Salomón y Jesucristo, que opero aquí en la tierra con ella, ya que es la única que no es limitada.

Recapitulemos brevemente, la sabiduría humana, se puede encontrar en los salones de clases, libros de textos y enseñanzas de sus maestros. En cuanto a la sabiduría de la madurez, la puede recibir por medio de mentores, por personas que son 3 o 4 décadas mayores que Usted, pero la sabiduría divina solo la encuentras en la misma presencia de Dios.

Cabe destacar, que la sabiduría divina tiene características muy especiales, pues con ella, se honra a Dios.

Por otra parte, la sabiduría humana honra tu nombre, el nombre de la institución y los métodos utilizados para impartirla.

Referente a la sabiduría de la madurez, honra a quienes la comparten, pero la sabiduría del cielo honra a Dios por la eternidad.

Las tres sabidurías mencionadas aquí, son importantes. Debemos luchar por terminar la universidad hasta graduarnos, recibir consejos de personas mayores y maduras, y sobre todo buscar la presencia de Dios para así recibir la sabiduría superior.

De la misma manera, se necesita la sabiduría humana, que es celebrada y honrada por el ser humano para sobresalir entre sí, y administrar los recursos que son limitados, pero también se debe obtener la sabiduría de la madurez para evitar un sufrimiento innecesario aquí en la tierra, y a su vez esforzarse por recibir la sabiduría divina, ya que con ella estarás por encima de la sabiduría de los humanos, aunque ya se esté en plena madurez.

Capítulo 5:
La importancia de un Mentor

Para empezar, es importante que Usted conozca la historia de donde proviene la palabra mentor, antes de desarrollar a profundidad este capítulo, dado que se considera es el más relevante de todo este libro.

Se deduce que un Mentor, era el nombre propio de una persona de la odisea. Se relata de un joven llamado Telémaco, quien era el hijo de Troya, y su mentor lo instruía y cuidaba mientras su papá estaba en la guerra.

Con el tiempo, cuando Telémaco no tenía noticias de su padre, una vez la guerra había terminado, el mentor recorría toda Grecia junto al joven para conseguir alguna pista de su paradero.

Por ello, el joven debía aprender lo suficiente con el tiempo, y así poder terminar su tarea solo.

Etimología de la palabra Mentor

La palabra mentor viene del Griego mevtwp, amigo de Ulises. Un personaje de la odisea, según Homero que tomo Minerva para guiar e instruir a Telémaco.

¿Por qué necesitas un Mentor?

Si vas a sobresalir en cualquier arena del saber, deberás escoger un mentor.

Si quieres llegar más rápido, crecer en el área profesional, ver resultados positivos, obtener cambios rápidos y notables, aunado a evitar un sufrimiento innecesario, necesitarás un mentor.

El propósito de un Mentor es ayudar a sobresalir y alcanzar metas, ya que te prepara para sufrir menos, dado a que es una vía de crecimiento, para que puedas lograr cambios favorables, ver los efectos que esperas e impulsarte al crecimiento espontáneo.

¿Cómo escoger el Mentor correcto?

Un mentor, es una persona lo suficientemente madura para poder entregarte los recursos que necesitas para crecer, por eso no cualquiera puede ser mentor, porque debe tener un corazón de Padre.

Entiéndase bien, un verdadero Padre, no teme que su hijo crezca más que él, pues un padre genuino siempre desea que su hijo tenga más éxito que él.

Igualmente, el mentor debe desear que su alumno, bajo su responsabilidad alcance mucho más que él o ella, por lo tanto, no todos tienen la honra de convertirse en mentores.

Otro aspecto de un mentor, es que no puede ser egoísta o irresponsable.

Debe quedar bastante claro, que un Mentor, es una persona generosa que ha logrado mucho en la vida, y tiene el deseo intencional de derramar su sabiduría a otras personas.

Entonces, si estas interesado en crecer en la arena de la Política, vas a buscar un Mentor que haya logrado mucho en la ciencias políticas. Se debe señalar, que no se trata de una persona que tiene un doctorado en ciencias políticas, sino de alguien que tiene una vida de éxito en esta área.

En todo caso, sí lo que anhelas es crecer como escritor, busca un mentor, alguien que escriba y lo haga bien. Incluso, si quieres crecer en los negocios, debes elegir un empresario que tenga éxito y quiera compartirlo contigo. Cualquiera que sea el área donde quieres crecer, vas a necesitar alguien capaz y lo suficientemente preparado, para mostrarte el camino. Fundamentalmente, su Mentor, debe ser aquella persona que está más allá de la posición que Usted quiere alcanzar.

El precio de conseguir un Mentor

Un buen Mentor, no será fácil de encontrar, por lo que se requiere tener paciencia. Aunque existen mentores disponibles, no son para todos, porque ellos quieren personas dispuestas a pagar el precio.

La gratitud, la honra y la reciprocidad son elementos esenciales para poder encontrar un Mentor, pero la persistencia, favorecerá a la hora de decidir quién será tu asesor.

Existen razones por la que un Mentor, no dirá si a la primera aplicación. Estas son: tiempo limitado, confirmación si eres la persona correcta, y no estar seguro si puede dedicarte el tiempo.

Es por eso, que vas a necesitar tener paciencia hasta que el candidato te responda, al menos que vayas a tener varios mentores, como es el caso del afamado escritor Rick Warren, quien tiene un mentor para cada área importante de su vida y ministerio, entonces debes ser cuidadoso de no solicitar a muchas personas al mismo tiempo.

Ya tienes un Mentor ¿ahora qué sigue?

Una vez el mentor que se ha solicitado, acepta la propuesta, generalmente no sabemos cómo iniciar el proceso, ni las secciones de tutoría.

Sin embargo, todo mentor capacitado, tiene una agenda sujeta a un calendario, y es factible que asista a más personas, y entregue una nota, donde esté escrito el horario disponible y sus expectativas.

Es oportuno ahora, mencionar algunas sugerencias, respecto a cómo se debe tratar a un mentor:

.-Si las secciones de asesoría, se efectúa en un restaurante, personalmente yo pagaría el almuerzo de ambos.

.-A la cita no llegaría con las manos vacías, ya que una manera de honrar su disponibilidad de orientarme, es entregar un obsequio de valor.

.-Si el mentor, no ha exigido una retribución financiera, regularmente lo sorprendería con un aporte financiero.

.-Por último, edificaría su nombre en cualquier lugar que me encuentre hablando en público.

Capítulo 6:
Asegurando tu Futuro Financiero

La ley del Treinta por ciento.

Hace algún tiempo, tuve la oportunidad de compartir con un exitoso experto en finanzas. Este caballero, administra cien millones de dólares, de diez familias Norte Americanas.

Durante la conversación, pregunté si tenía algunos consejos rápidos para las personas que quieren asegurar su futuro económico y explico 3 cosas que toda persona debe hacer:

1.- Debemos ahorrar el diez por ciento (10%) de todo el salario, es intocable.

2.- Entregar a Dios el diez por ciento (10%) de todo el salario. Si no eres cristiano, debes darlo a alguna viuda en crisis, orfanato o centro comunitario, es importante, ya que no te pertenece.

3.- Guardar el diez por ciento (10%), el cual denominarás "fondo de emergencia".

Esto es lo que se denomina la ley del treinta por ciento (30%), que implica olvidar este porcentaje (30%) de todas las entradas financieras, y solo tomar el setenta por ciento (70%) para las demás actividades, ya que en un mundo que cambia aceleradamente, debemos prevenir y cuidar nuestro futuro.

Para ilustrar mejor, anexo encontrará un ejemplo de cómo aplicar esta ley del treinta por ciento (30%) a su vida. A continuación:

Si dependes de un cheque mensual, al recibir el efectivo, toma el 70%, si son 100 dólares, tomas 70$ y guarda 30$. Una vez realizada esta operación, entonces debes hacer la distribución.

1.-Aplicar el diez por ciento (10%) para Obras Sociales

Por lo expuesto al inicio, se puede entregar el diez por ciento (10%) de nuestras entradas o ingresos para una obra social, donde podemos escoger una iglesia o centro comunitario, pero recordemos que el 10% es del Señor. Esta práctica, es usada por muchos multimillonarios y celebridades.

2.- Ahorro de emergencia

En esta sección, tal como su nombre lo indica "ahorro", se debe tener mucho cuidado de no usar esos fondos, al menos que sea una emergencia, especialmente aquellas muy serias. Aquí se plantea una interrogante ¿Que se debe considerar como una emergencia? Un accidente, y de no usar ese fondo se puede perder la vida.

3.-Ahorro de Jubilación

Este punto, es uno de los más importantes. Una vez se haya donado el 10% a obras sociales, y seguidamente separado el ahorro del 10% de emergencia, se procede a apartar el 10% de jubilación.

Con esta acción, tendrás la paz y la tranquilidad de que estarás bien en tu futuro.

Recuerde, el setenta por ciento (70%) le pertenece, e incluye todos los demás gastos, pero se debe ser muy estricto con la distribución del treinta por ciento (30%).

Capítulo 7:
¿Qué hacer con tus Amigos?

Por lo general, para nadie es un secreto que nuestros amigos pueden influenciar no solo en nuestra conducta, sino también en nuestro futuro.

Es por ello, que si no tienes cuidado de los amigos que eliges, puedes terminar arruinando tu presente y hasta tu futuro.

Cabe destacar, que en cada etapa de la vida, hay oportunidad de escoger a aquellos amigos que nos van acompañar en cada temporada, dado a que hay relaciones que deben quedar atrás, otros deben estar siempre presentes, pero otros, nunca deben formar parte de nuestro circulo, pues muchas personas han perdido su futuro por una mala amistad.

¿Qué tipos de amigos se debes escoger?

Primordialmente, hemos de escoger aquellas amistades que sean un buen ejemplo, no son perfectos, pero no arriesgan su futuro, es decir, Usted puede hablar o compartir con quien quiera, pero no todos deben estar presente en su vida.

En el Libro *Tiempos de Victoria,* relato más ampliamente sobre este tema, en el capítulo 4 *Amigos Locos* (este libro electrónico, lo puede adquirir en este enlace *libros@ministeriospedroluis.com*).

Nuestro interior, es una habitación, y no podemos albergar gente contaminada que nos pueda matar, ya que hay amigos que contaminan el alma, por eso se sugiere que no los incluyas en tu red de amistades.

En una ocasión, en mi adolescencia, tuve un amigo que me enseño muchas cosas incorrectas, aunque disfrutaba pasar tiempo con él. Sin embargo, mi vida, a temprana edad, siendo un chico que visitaba la iglesia, mi alma se contaminaba. Su influencia era más fuerte que yo, por eso caía en sus actos deshonrosos.

En palabras simples, no puedes escoger un amigo corrupto, hipócrita y falso, porque al final, vas a ser como él o ella.

Capítulo 8:
¿Que se busca en un hombre
o una mujer?

Al respecto, no solo los amigos equivocados pueden arruinar nuestras vidas, también la mujer o el hombre erróneo, pueden matar nuestro futuro. Claro que esto no lo explica todo, por ello corresponde preguntarse: **¿Que debe buscar un hombre en una mujer?**

Proverbios 14:1
La mujer sabia edifica su casa;
Mas la necia con sus manos la derriba.

En este pasaje, el hombre más sabio que jamás haya existido, dice que la mujer sabia edifica su casa, entonces, la primera característica que debes buscar en la mujer de tus sueños es la sabiduría.

Hoy en día, generalmente como hombres, nos dejamos atraer por la belleza física, sin embargo, lo más importante en una mujer es la belleza interna, porque es ataviada con sabiduría, por eso una mujer con sabiduría es esencial, si quieres tener un gran futuro.

Por otra parte, la belleza física es significativa, dado que nadie quiere pasar la vida al lado de una mujer que no le atraiga físicamente, pero en particular existen otras cosas de ellas que atraen, más allá de lo hermosas que puedan ser, y parte de ello es la inteligencia espiritual,   la cual Salomón la define "Sabiduría".

Cabe entonces preguntarse, ¿Cómo es la mujer sabia? Salomón puntualiza a la mujer sabia, como aquella que edifica o construye su casa, que tiene prioridades, que se preocupa mas por alimentar su belleza interna que su belleza física, que se prepara y estudia, que lee, que identifica sus debilidades y trabaja con ellas, pero busca a Dios incansablemente.

En ese mismo orden de ideas, en cuanto al sexo opuesto **¿Que busca una mujer en un hombre?**

Los hombres, somos seres débiles espiritualmente, pero el que busca a Dios, se hace fuerte, porque la presencia de Dios lo fortalece. Desde el principio, la intención del Padre al crear al hombre, fue hacer un ser fuerte, pero el pecado lo debilita, hasta convertirlo en un ser vulnerable.

Si bien la apariencia física a la hora de elegir es importante, principalmente sugiero que la mujer, busque en el hombre aquello que solo Dios puede ver, el corazón.

En relación a lo anterior, ¿Qué características debe tener el hombre candidato? Primordialmente, que sea un hombre conforme al corazón de Dios, esta cualidad es ideal para una mujer que busca estabilidad, porque siempre buscará a Dios con todas sus fuerzas, sin importar las circunstancias que atraviesa.

Otro aspecto, es que sea un hombre de oración, dado a que así tendrá la dirección que necesita en tiempos de dificultades. A su vez, ama primero a Dios, que es el más importante mandamiento y el hombre que lo cumple es grande. También, es diligente y procura entrar en actividades de beneficio colectivo.

Por otra parte, es un hombre que sabe agradecer y nunca abandonará su familia, reconoce la importancia del descanso y es fiel.

Se debe señalar, que no solo las mujeres o los hombres que tengan las cualidades mencionadas en este capítulo, son las personas idóneas, pero el porcentaje de probabilidad de encontrar la felicidad con alguien así, es muy alto.

Entonces, lo más importante a la hora de elegir el hombre o la mujer de tus sueños, es buscando a Dios primeramente, pues la Sagrada Escritura dice:

Proverbios 18:22
El que halla esposa, halla el bien,

Y alcanza la benevolencia de Jehová.

En decisiva, este versículo se aplica a la pareja, porque ambos se complementan.

Capítulo 9:
La Ley de la Reciprocidad

Se define la reciprocidad, como la correspondencia mutua de una persona con otra, o una cosa con otra, y se ejercita en las relaciones amistosas, sexuales y en las relaciones de negocios, pero también se pierden muchos beneficios cuando no se práctica.

La reciprocidad en los negocios

Este principio, se basa en la simple declaración de: "Usted debe hacer por otros negocios, lo que usted quiera que hagan por el suyo". En otras palabras, los microempresarios, nunca rompen sus limitaciones y tampoco llegan a ser grandes empresarios cuando son egoístas.

Sin embargo, los más grandes empresarios son gente generosa, y desean el bienestar de sus socios y compañeros de negocios. Por ejemplo, al referir los servicios de otro negocio a tus clientes y ellos haciendo lo mismo por Usted, es como se practica la reciprocidad.

No obstante, en ciertas circunstancias, lo que hacen algunos microempresarios es implementar el servicio solicitado por un cliente, en vez de referirlo a otro negocio, y ejerciendo tal acción, puede que se pierda la calidad y la esencia de su empresa.

Prosiguiendo con el tema, enfócate en la visión y propósito de negocio, sumado a vincularse y ayudar a otros, ya que esto te expondrá a nuevas oportunidades.

La reciprocidad en las relaciones de amistad

En nuestro círculo de amistades, han existido algunos momentos donde se ha compartido y se ha pagado la cuenta en un restaurante, un café, el desayuno y hasta el almuerzo, pero casi nunca se recibe la misma reciprocidad.

Igualmente, sucede con aquellos seres a los que hacemos una llamada telefónica para saber de ellos, pero pareciera que no tienen saldo en sus teléfonos para devolverla. Acontece también cuando se dispone del vehículo, pero cuando no se puede, no hay nadie expedito a servirte. Por ello, se plantea una interrogante: ¿Te relacionas con amistades que tienen este tipo de conducta?

Todo lo dicho hasta ahora, explica porque ese tipo de conducta, rompe las relaciones, por eso se sugiere practicar la reciprocidad, aun en las relaciones de amistad.

Es cierto, que a veces estamos limitados para corresponder el favor o servicio que hemos recibido de nuestros amigos, pero de eso se trata la amistad, de mutuamente extendernos la mano en tiempos de crisis.

Si bien no es obligatorio ser reciproco, lo cierto es que si quieres una buena amistad a largo plazo, se debe practicar la reciprocidad.

La reciprocidad en las relaciones intimas

Al respecto, es importante destacar, que como pareja, debemos hacer con el esposo o la esposa, lo que queremos que ellos hagan con nosotros.

Si te gusto este libro:

Por favor deje una reseña en Amazon.com y comparte

lo que más le gusta de este libro.

Visita Twitter y escribe:

"Yo estoy leyendo

Códigos de Transformación por @pedroluisadames "

En Pinterest:

Sube la imagen de esta portada compartiendo frases

del libro

Para contactar al Autor de este libro

Visite nuestro enlace

www.ministeriospedroluis.com

Sígalo en las redes sociales:

Twitter

https://twitter.com/pedroluisadamez

Instagram https://instagram.com/pedroluisadames

Facebook https://facebook.com/ministeriospedroluis

Contacto Telefónico

USA 201-257-5800

DO 8492208034

Made in the USA
Middletown, DE
20 October 2020